SEMAINES SOCIALES DE FRANCE, XVIIIᵉ SESSION -- LE HAVRE, DU 2 AU 8 AOUT 1926

SUJET DE LA SEMAINE :

LA VIE INTERNATIONALE

- Faits et Institutions -
Doctrines — Réalisations

PROGRAMME PROVISOIRE

SECRÉTARIAT PERMANENT
CHRONIQUE SOCIALE DE
FRANCE : 16, RUE DU PLAT
LYON

Paris, le 1er Juin 1926.

M

Nous avons l'honneur de vous inviter à prendre part à la XVIIIe Session des *Semaines Sociales de France* qui se tiendra dans la ville du Havre, du 2 au 8 août prochain, sous la haute présidence de S. G. Mgr Du Bois de la Villerabel, archevêque de Rouen et Primat de Normandie.

Les travaux de cette Session seront consacrés aux problèmes de la Vie Internationale. A l'heure où cette vie devient de plus en plus intense, il est nécessaire d'analyser, à la lumière de la doctrine catholique, les rapports qu'elle suscite, les principes dont elle relève, les modes de coopération qu'elle offre à notre bonne volonté.

Vous trouverez dans les pages qui suivent le programme général des Cours, des Conférences et des Leçons documentaires qui rempliront la Semaine du Havre.

Nous serons heureux, M   , si vous voulez bien vous associer à nos travaux, et nous vous prions de bien vouloir agréer l'expression de nos dévoués sentiments.

Eugène DUTHOIT,
Président de la Commission Générale.

A. BOISSARD, M. GONIN,
Secrétaires Généraux.

AVIS ET RENSEIGNEMENTS

SECRETARIATS. — Jusqu'au **20 Juillet**, adresser demandes de renseignements, adhésions, souscriptions et mandats à M. Cl. Court, Secrétariat permanent, *Chronique Sociale de France*, 16, rue du Plat, Lyon ; à partir du **21 Juillet**, à M. Cl. Court, Maison des Œuvres, 101, rue Thiers, Le Havre (Seine-Inférieure).

LOCAUX DE LA SEMAINE SOCIALE. — Tous les cours de la matinée et de l'après-midi, ainsi que les leçons documentaires auront lieu dans les salles de l'Association Saint-Thomas-d'Aquin, 9, rue des Ormeaux. La messe de 8 heures, les réunions de pratique sociale, ainsi que la Table d'hôte pour les petits déjeuners, les déjeuners et dîners, se tiendront dans les locaux voisins, du Pensionnat Jeanne-d'Arc (Les Ormeaux), 18, avenue Victoria.

ADHESIONS. — L'inscription comme auditeur, pour toute la durée des cours, comporte le versement d'une cotisation de **15 francs**, donnant droit à une carte permanente. Le Secrétariat demande instamment qu'on n'attende pas les derniers jours pour se faire inscrire.

PROGRAMME DEFINITIF. — Les adhérents recevront, avec leur carte, un Programme-Horaire définitif.

VOYAGE. — Les grands réseaux de Chemins de fer accordent aux auditeurs la prolongation de la durée des billets aller et retour, du 30 juillet au 11 août inclus. Pour avoir droit à cette prolongation, les auditeurs devront être munis d'une lettre qui leur sera envoyée par le Secrétariat de la *Semaine Sociale*, et qu'ils auront soin de faire viser par leur gare de départ, par le Secrétariat de la *Semaine Sociale*, au Havre, et par la gare du Havre, au moment du retour.

Les Compagnies de Chemins de fer imposant la formalité d'un visa général, les demandes de prolongation ne seront pas admises après le 16 juillet.

LOGEMENTS. — Quatre catégories de logements sont offertes aux auditeurs :

1° **Hôtels :** Chambres depuis 15 fr. la nuit. A cause de l'affluence des touristes, retenir au plus tôt sa chambre en écrivant directement à l'Hôtel. Voir la liste page 19.

2° **Logements chez l'habitant :** Grâce à l'esprit hospitalier de la population, on disposera d'un grand nombre de chambres chez l'habitant. Prix : de 8 à 15 francs. La répartition est faite par le Secrétariat d'après les désirs formulés par les auditeurs dans la feuille d'adhésion incluse, mais les auditeurs sont tenus de confirmer à leur hôte leur acceptation, en même temps que le jour et l'heure de leur arrivée.

3° **Logements en dortoirs dans les Institutions religieuses :** Des dortoirs seront réservés aux auditeurs voyageant en groupes. Prix par nuit : 3 fr. 50.

4° **Logements dans les Pensions de famille :** Réservés aux dames et jeunes filles. Pour les six jours : 24 francs.

L'inscription pour ces trois dernières catégories doit être prise pour la durée de la Semaine.

Les auditeurs demandant à être logés pour un ou deux jours devront descendre à l'hôtel.

MESSE QUOTIDIENNE. — Une messe sera célébrée tous les jours, à 8 heures, dans la chapelle du Pensionnat Jeanne-d'Arc. MM. les Ecclésiastiques trouveront au Secrétariat l'indication des églises où ils pourront dire leur messe. Ils sont priés de bien vouloir se munir de leur celebret et de leur linge d'autel.

TABLE D'HOTE. — Chaque jour, les auditeurs pourront prendre leurs repas du matin et du soir à la table d'hôte installée dans le Pensionnat Jeanne-d'Arc. Prix du petit déjeuner : 1 fr. 25 ; du déjeuner : 8 fr. 50 ; du dîner : 6 fr. 50. On est prié de se faire inscrire d'avance pour le premier déjeuner du lundi. Pour les autres jours, on retirera ses tickets de repas sur place, la veille, avant midi.

CEREMONIES ET CONFERENCES DU SOIR. — La cérémonie religieuse du lundi soir aura lieu dans l'église Notre-Dame, 38 *bis*, rue de Paris ; la Veillée religieuse du jeudi, dans l'église Saint-Michel, 17, rue d'Ingouville ; la messe du vendredi, dans l'église Sainte-Anne, 58, rue Raspail.

VISITES ARTISTIQUES ET SOCIALES. — Tous les jours, à 14 heures, des visites aux principaux monuments de la ville, aux Musées et aux ports seront organisées par les soins de la Commission locale.

CARTES DE JOURNEES ET DEMI-JOURNEES. — Des cartes valables pour tous les Cours et Conférences de la journée seront délivrées à l'entrée, au prix de 3 francs ; pour une demi-journée, 2 francs.

PROGRAMME HORAIRE

LUNDI 2 AOUT

8 h. — Chapelle du Pensionnat Jeanne d'Arc (Les Ormeaux), 18, avenue Victoria, **Messe du Saint-Esprit.** Allocution de S. G. Monseigneur Du Bois de la Villerabel, Archevêque de Rouen.

9 h. 30. — **Leçon d'ouverture : Comment le catholicisme conçoit et harmonise le devoir national et le devoir international.**

M. Eugène Duthoit,
Président de la Commission Générale.

10 h. 45. — **2ᵉ Leçon : Les obstacles à la paix.**

M. René Pinon,
*Professeur à l'Ecole des Sciences Politiques de Paris,
Rédacteur politique à la* Revue des Deux-Mondes.

12 h. — **Déjeuner en commun.**

14 h. — Visites.

14 h. 30. — Exposé documentaire : **La constitution de la Société des Nations.**

R. P. Yves de la Brière,
Professeur à l'Institut Catholique de Paris.

15 h. 45. — Exposé documentaire. — **La coopération internationale des catholiques.**

M. Maurice Vaussard,
Directeur du « Bulletin Catholique International ».

17 h. — **3ᵉ Leçon : L'Eglise catholique et la paix : histoire ancienne et faits récents.**

M. Georges Goyau,
de l'Académie Française.

20 h. 30. — A l'église Notre-Dame, 38 *bis*, rue de Paris : **Grande Cérémonie d'ouverture.**
Discours de S. G. Monseigneur Du Bois de la Villerabel, Archevêque de Rouen : **La Paix du Christ par le règne du Christ.**

MARDI 3 AOUT

8 h. — **Messe** dans la Chapelle du Pensionnat Jeanne-d'Arc.

9 h. — **4ᵉ Leçon : La Société des Nations. Structure et fonctionnement.**

R. P. Yves DE LA BRIÈRE,
Professeur à l'Institut Catholique de Paris.

10 h. 15. — **5ᵉ Leçon : Les efforts pour la réalisation de la paix.**

M. Pierre WALINE,
Agrégé d'Histoire et de Géographie.

12 h. — **Déjeuner en commun.**

14 h. — **Visites.**

15 h. 30. — **6ᵉ Leçon : La Finance internationale. Fantômes ou réalité ?**

R. P. Achille DANSET,
de l'Action Populaire.

17 h. — **7ᵉ Leçon : Les Internationales de Travailleurs.**

M. Et. MARTIN SAINT-LÉON,
Conservateur de la Bibliothèque du Musée social.

20 h. 30.

GRANDE ASSEMBLÉE

Conférence du R. P. COULET : **L'ÉGLISE, SOCIÉTÉ SUPRA NATIONALE.**

MERCREDI 4 AOUT

8 h. — **Messe** dans la Chapelle du Pensionnat Jeanne-d'Arc.

9 h. — **8ᵉ Leçon : Les participants à la vie internationale.**

M. Maurice DESLANDRES.

10 h. 15. — **9ᵉ Leçon : Les lois naturelles de la vie internationale.**

Le R. P. Albert VALENSIN,
Professeur aux Facultés Catholiques de Lyon.

12 h. — **Déjeuner en commun.**

14 h. — **Visites.**

14 h. 30. — Exposé documentaire. — **Problèmes que soulève, en France, l'immigration étrangère.**

M. DUVAL ARNOULD,
Professeur à l'Institut Catholique de Paris,
Député de Paris.

15 h. 45. — Exposé documentaire : **Les grandes Unions Internationales : propriété littéraire, artistique, industrielle ; Union postale ; Institut International d'Agriculture de Rome.**

M. Max TURMANN,
Professeur à l'Université de Fribourg (Suisse).

17 h. — **10ᵉ Leçon : Le problème du nationalisme et de l'internationalisme, au regard de la morale et du droit naturel.**

M. Louis LE FUR,
Professeur à la Faculté de Droit
de l'Université de Paris.

19 h. — **BANQUET EN L'HONNEUR DES AUDITEURS DE LA SEMAINE SOCIALE VENUS DE L'ETRANGER. (Inscription : 8 fr. 50.)**

JEUDI 5 AOUT

8 h. — **Messe** dans la chapelle du Pensionnat Jeanne-d'Arc.

9 h. — **11ᵉ Leçon : Le bien commun international : nécessité d'organes pour en assurer la gestion.**

Le R. P. J. DELOS,
Professeur de Droit naturel
à l'Université Catholique de Lille.

10 h. 15. — **12ᵉ Leçon : La doctrine traditionnelle de l'Eglise sur les règles de la vie internationale dans l'état de guerre et dans l'état de paix.**

S. G. Mgr JULIEN,
Evêque d'Arras, de l'Institut.

12 h. — **Déjeuner en commun.**

14 h. — **Visites.**

14 h. 30. — Exposé documentaire : **Le problème des communications internationales et du transit.**

M. Etienne ISABELLE.

15 h. 45. — Exposé documentaire : **Le Comité « Pax » et la constitution d'une documentation relative aux origines historiques de la Société des Nations.**

Marquis Jacques DE DAMPIERRE et M. DE ROMANET,
Président et Secrétaire général du Comité « Pax ».

17 h. — **13ᵉ Leçon : Relations entre Sociétés d'inégales civilisations, au regard du droit naturel et de la doctrine catholique.**

M. Augustin CRÉTINON,
Ancien Bâtonnier de l'Ordre des Avocats
près la Cour d'Appel de Lyon.

20 h. 30. — **Veillée Religieuse** (Eglise Saint-Michel, 17, rue d'Ingouville).
Instruction de M. l'Abbé THELLIER DE PONCHEVILLE :
L'EUCHARISTIE ET LA PAIX.

VENDREDI 6 AOUT

8 h. — Eglise Sainte-Anne, 58, rue Raspail : **Messe du Souvenir** pour le repos des âmes de M. Henri LORIN, ancien Président, ainsi que des Professeurs et auditeurs des Semaines Sociales.

9 h. — **14ᵉ Leçon : L'idée et les progrès de l'arbitrage international.**

M. Jean LEROLLE,
Ancien député de la Seine.

10 h. 15. — **15ᵉ Leçon : L'Eglise et la vie internationale : ses rapports avec la Société des Nations.**

Le R. P. DESBUQUOIS,
Directeur de l'Action Populaire.

12 h. — **Déjeuner en commun.**

14 h. — **Visites.**

15 h. — **16ᵉ Leçon : Le rôle de la civilisation latine dans les rapports internationaux.**

R. P. GILLET,
Professeur à l'Institut catholique de Paris.

16 h. 30. — **17ᵉ Leçon : La coopération internationale dans la vie intellectuelle.**

Mgr BEAUPIN,
Secrétaire Général du Comité Catholique des Amitiés Françaises à l'Etranger.

17 h. 30. — **18ᵉ Leçon : La coopération internationale dans la vie économique.**

M. Charles BODIN,
Professeur à la Faculté de Droit de l'Université de Rennes.

SAMEDI 7 AOUT

8 h. — **Messe** dans la chapelle du Pensionnat Jeanne-d'Arc.

9 h. — **19ᵉ Leçon : La coopération internationale dans le domaine social : Le Bureau International du Travail et les Associations internationales de politique sociale.**

M. A. BOISSARD,
Ancien député de la Côte-d'Or.

10 h. 15. — **20ᵉ Leçon : La coopération internationale dans la lutte contre les fléaux sociaux.**

M. Paul CUCHE,
*Professeur à la Faculté de Droit
de l'Université de Grenoble.*

12 h. — **Déjeuner en commun.**

14 h. — **Visites.**

14 h. 30. — **Exposé documentaire : Bienfaits d'un Foyer international des Etudiants catholiques.**

Abbé PICARD DE LA VACQUERIE,
Vicaire à Saint-Dominique, à Paris.

15 h. 45. — **Exposé documentaire : L'Œuvre de la Confédération internationale des Syndicats Chrétiens.**

M. Jules ZIRNHELD,
*Président de la Confédération Française
des Travailleurs Chrétiens.*

17 h. — **21ᵉ Leçon : La Solidarité européenne.**

M. Lucien ROMIER,
Directeur politique du Figaro.

20 h. 30.

GRANDE ASSEMBLÉE

sous la présidence de **S. E. LE CARDINAL DUBOIS,** Archevêque de Paris.

Discours de M. Philippe DE LAS CASES, avocat à la Cour d'Appel de Paris :

CONCLUSIONS DES ENSEIGNEMENTS DE LA SEMAINE SOCIALE.

Discours du R. P. RUTTEN, sénateur de Belgique :

LES TRAVAILLEURS ET LA PAIX.

DIMANCHE 8 AOUT

Pèlerinage à N.-D. du Bon Secours

et visite des souvenirs de Jeanne d'Arc, à Rouen

Départ du Havre par les vapeurs de la C¹ᵉ Rouennaise de Navigation. On remontera le cours de la Seine du Havre à Rouen : 130 kilomètres d'un voyage magnifique.

Cérémonie à Notre-Dame du Bon-Secours

Pèlerinage à la Place du Vieux-Marché de Rouen lieu du martyr de Jeanne-d'Arc

Visite des Monuments de la Ville

Les inscriptions seront reçues au bureau d'excursions installé dans les locaux de la Semaine Sociale.

Eug. DUTHOIT

Président de la Commission générale des Semaines Sociales,
Professeur d'Economie politique à l'Université catholique de Lille.

Vie Economique
et Catholicisme

Un volume grand in-8, papier vergé : **10 fr.**; franco : **11 fr.** *Chronique Sociale de France*, LYON, 16, rue du Plat. — J. GABALDA & C¹ᵉ, PARIS, 30, rue Bonaparte.

Comment aménager
la Cité française.
Un plan de réformes politiques

Un volume : **6 fr.** BLOUD & GAY, PARIS, 3, rue Garancière (VI⁰).

NOTICE

La *Semaine Sociale du Havre* gardera le caractère et l'esprit des précédentes *Semaines*, tels que les ont exposés les Déclarations du Président de la Commission générale.

La pensée directrice des fondateurs des Semaines Sociales tient en quelques mots :

« Catholiques convaincus et fidèles, nous voulons montrer que notre religion fournit le fondement, l'esprit directeur et les lignes essentielles de la sociologie véritable, et que seule une sociologie procédant d'elle peut pleinement répondre aux exigences de l'ordre social.

« D'où le double caractère de la méthode adoptée : le premier qui consiste à approfondir, sous le contrôle de l'Eglise, les enseignements sociaux catholiques, afin de garder toujours plus vive la conviction de l'effort à exercer et plus complète l'intelligence des principes à invoquer ; le second qui nous porte à étudier les faits actuels, matière des réformes de l'avenir, afin d'aboutir à une organisation à la fois plus conforme aux principes catholiques et plus favorable au bien commun. »

L'enseignement des Semaines Sociales est donc doctrinal, scientifique et pratique. Il est donné sous forme de cours par des professeurs spécialistes. Il ne comporte aucune séance de discussion et ne donne pas lieu à des vœux comme dans les congrès. (On est prié de ne pas applaudir). En dehors des séances les professeurs se prêtent aux questions posées par les auditeurs.

Les auditeurs sont des hommes d'études ou d'action venus de toutes les régions et appartenant à tous les milieux. Ils comptent sur la Semaine Sociale pour les aider à orienter et préciser leurs efforts en vue de l'action sociale qu'ils exercent. Ils puisent aussi, dans les rapprochements et les conversations auxquels donne lieu la Semaine Sociale, des encouragements et des lumières.

L'institution des Semaines Sociales a reçu, depuis ses origines, à Lyon, en 1904, des développements inespérés. Pendant que les sessions françaises obtenaient un succès grandissant à Orléans, Dijon, Amiens, Marseille, Bordeaux, Rouen, Saint-Etienne, Limoges, Versailles, Metz, Caen, Toulouse, Strasbourg, Grenoble, Rennes et Lyon, son nom et ses méthodes étaient adoptés en Hollande, Pologne, Belgique, Suisse, Canada, Uruguay, Mexique et République Argentine.

SEMAINE SOCIALE DE FRANCE

SESSION DU HAVRE

Sous la haute présidence de S. G. MONSEIGNEUR DU BOIS DE LA VILLERABEL, Primat de Normandie, Archevêque de Rouen.

COMITÉ D'HONNEUR

S. E. le Cardinal DUBOIS.   Archevêque de Paris.
S. G. Mgr LEMONNIER .   Évêque de Bayeux et Lisieux.
S. G. Mgr LOUVARD ...   Évêque de Coutances.
S. G. Mgr CHAUVIN ...   Évêque d'Évreux.
S. G. Mgr DU VAUROUX.   Évêque d'Agen.
S. G. Mgr LECŒUR ...   Évêque de Saint-Flour.
S. G. Mgr JULIEN .....   Évêque d'Arras.
S. G. Mgr LE SENNE ..   Évêque de Beauvais.
S. G. Mgr LECOMTE ...   Évêque d'Amiens.

COMITÉ DE PATRONAGE

Mgr CAULLE, Doyen du Chapitre ; M. l'Abbé DELESTRE, Vicaire général ; M. l'Abbé JOMARD, Vicaire général ; Mgr PRUDENT, Directeur du *Bulletin Religieux* ; M. l'Abbé PICARD, Directeur de l'Office des Œuvres ; M. le Chanoine LESERGEANT, Archiprêtre de la Métropole ; M. le Chanoine BERTIN, Secrétaire particulier de S. G. Mgr l'Archevêque ; M. le Chanoine JOUEN, Directeur des Œuvres de Jeunesse ; M. le Chanoine TESSIER, Supérieur de l'École de Théologie ; M. le Chanoine HERLY, Supérieur de l'Institution Saint-Romain ; M. l'Abbé PLE, Supérieur de l'Institution Join-Lambert ; M. le Chanoine VIGNAL, Supérieur de l'Institution Saint-Joseph, du Havre ;

M. l'Abbé CORRUBLE, Supérieur de l'Ecole Fénelon, d'Elbeuf ;
M. l'Abbé QUIBEL, Supérieur de l'Institution Saint-Joseph, de
Mesnières ; M. l'Abbé DUBOC, Directeur de l'Ecole Saint-Joseph,
d'Aumale ; R. P. DELOR, Prieur des Dominicains du Havre ;
R. P. GAUFROY, Aumônier du Pensionnat Jeanne-d'Arc ;
R. P. HERET, Aumônier de l'Association Saint-Thomas-d'Aquin ;
M. l'Abbé ALLEAUME, Archiprêtre du Havre ; M. l'Abbé
ROUEN, Archiprêtre de Dieppe ; M. l'Abbé BRUMARE, Archi-
prêtre de Neufchâtel ; M. l'Abbé BELLONCLE, Archiprêtre
d'Yvetot ; M. l'Abbé GUERARD, Curé-Doyen de Saint-Michel,
du Havre ; M. l'Abbé LEULLIER, Curé-Doyen de Sainte-Marie,
du Havre ; M. l'Abbé TAMIGI, Curé-Doyen de Bolbec ; M. l'Abbé
SOUPLIS, Curé-Doyen de Criquetot-l'Esneval ; M. l'Abbé
HUREL, Curé-Doyen de Fécamp ; M. l'Abbé MAUCONDUIT,
Curé-Doyen de Goderville ; M. l'Abbé DUMONT, Curé-Doyen
de Lillebonne ; M. l'Abbé HECQUET, Curé-Doyen de Montivil-
liers ; M. l'Abbé BOULANGER, Curé-Doyen de Saint-Romain-
de-Colbosc ; M. l'Abbé BOURGEOIS, Secrétaire de l'Office des
Œuvres.

MM. ALLAIN, Imprimeur à Elbeuf ; Georges ANCEL, Député ;
Mme G. ANCEL, Vice-présidente de la Ligue Patriotique Fran-
çaise du Havre ; Paul ANQUETIL, Député ; G. ANQUETIL,
Président du Cercle d'études des hommes de Notre-Dame ;
AUGUSTIN-NORMAND, Constructeur, Membre de la Chambre
de Commerce.

MM. Gaston BEAUSSART, Président de l'Association des
Pères de famille de Sanvic ; René BERGE, Conseiller général
de Lillebonne ; Victor BETTENCOURT, Conseiller d'arrondis-
sement de Lillebonne ; Louis BRINDEAU, Sénateur ; Georges
BUREAU, Député.

MM. Georges CAILLARD, Industriel, Membre de la Chambre
de Commerce ; Docteur CAUCHOIS, Président de la Ligue des
Familles nombreuses de Rouen ; César CAUVIN, Industriel ;
Pierre CHIROL, Président de l'Académie de Rouen ; Victor
CHOPART, Directeur du *Havre-Eclair* ; Charles COLLIER,
Directeur de l'Institution Saint-Jean-Baptiste de la Salle, Rouen ;
René COTY, Député ; Mlle COTELLE, Présidente du Noël
Havrais ; Pierre COURANT, Avocat ; Henri CROPPI.

Mlle C. DAVID, Professeur de Sciences commerciales ;
MM. Louis DELAMARE, Président de l'Association Saint-Thomas
d'Aquin ; Jacques DELAMARE, Vice-président de l'Association
Saint-Thomas-d'Aquin ; Jules DELAMARE, Administrateur de la
Mutuelle des Employés de Commerce ; Paul DELAY, Ingénieur ;
Mme DERO, Présidente de la Ligue Patriotique des Françaises du
Havre ; Charles DESCHAMPS, Vice-président du Conseil départe-
mental des Pupilles de la Nation ; Louis DESCHAMPS, Industriel ;
Maxime DESCHAMPS, Président des Conférences Saint-Vincent
de Paul, de Rouen ; Alfred DUBUC, Administrateur-délégué du
Réveil Normand ; Pierre DUMESNIL, au nom des Equipes
Sociales de France ; DULERY, Président de la Fédération des
Amicales des Ecoles libres ; Emile DUPONT, Président de la
Société Havraise des Logements économiques ; Amiral DIDELOT.

M. Robert ELOY.

MM. Robert FACQUE, Conseiller municipal de Rouen, Prési-
dent de l'Association des Familles nombreuses ; Charles FALQUE,
Président de l'Ecole Sociale de Rouen ; Albert FAROULT, Vice-
président de la Chambre de Commerce de Rouen ; Charles
FAUVEAU, Président de l'Union régionale des Syndicats de
Rouen ; F. FIRMIN.

MM. Albert GAILLARD, Rédacteur en chef de *L'Entr'Aide* ;
Charles GALODEE, Vice-président de la Société des Anciens

Elèves des Frères et des Ecoles libres du Havre ; Albert GENIES, Directeur de l'Ecole Bellefonds ; Vicomte DE GOVIN, Secrétaire de l'Ecole Sociale de Rouen ; H. DE GRANDMAISON, Président du Conseil particulier des Conférences Saint-Vincent de Paul, du Havre ; Jean DE GRANDMAISON, Avocat ; DES GUERROTS, de l'Ecole Sociale de Rouen ; Paul GUILLARD, Conseiller général de Saint-Romain-de-Colbosc.

M. HARTMANN, Notaire, Vice-président de la Ligue des Familles nombreuses du Havre ; M¹¹ᵉ HERVE, du Pensionnat Jeanne-d'Arc ; M. Maurice HOMAIS, Président de l'Union pour la Paix Religieuse du Havre, Bâtonnier de l'Ordre des Avocats.

M¹¹ᵉ JACOTIN, au nom des Equipes Sociales féminines.

MM. Désiré LACOUDRE, Rédacteur en chef du *Havre-Eclair* ; André LAFOND, Directeur du *Journal de Rouen* ; Jean LAFOND, Rédacteur en chef du *Journal de Rouen* ; H. LAFOSSE, Président honoraire du Tribunal de Commerce de Rouen ; P. LAMBERT, Président de la Société de Secours Mutuels de Saint-François, du Havre ; Mᵐᵉ Edg. LAMOTTE ; Robert LE CHEVALIER, Vice-président de l'Association de Saint-Thomas d'Aquin ; Marcel LEGER, Secrétaire de la Fédération des Groupements catholiques d'Action Sociale du Havre ; LE GRAND, Conseiller général de Valmont ; L. LEGRAS ; Adolphe LE PRINCE, Président du Conseil d'administration de la Compagnie Normande de Navigation ; Docteur LEROY, Président de l'Association des Amis du Vieux Havre ; Gustave LESAGE, Président du Conseil d'administration du *Havre-Eclair*.

MM. Albert MALLET ; A. MASQUELIER, Secrétaire-trésorier de la Chambre de Commerce du Havre ; Robert MAUGER, Vice-président des Amis du Vieux Havre ; Gaston MAURISSET, Conseiller municipal de Rouen, Président du Comité diocésain de l'A. C. J. F. ; E. MORIN, Président de la Société des Anciens Elèves des Frères des Ecoles libres du Havre.

M. Raymond-E. NOEL, Secrétaire des Equipes Sociales, Section du Havre.

MM. PATUREL, Secrétaire général de l'Office Social ; Frédéric PERQUER ; Ed. PERRIER, Membre de la Chambre de Commerce : Robert PESLE ; Jacques PHILIPPE, Président de la Fédération des Groupements catholiques d'Action Sociale du Havre : Max PLATEL, Secrétaire des Anciens Elèves de l'Institution Saint-Joseph; Maurice PLATEL; Marquis DE POMEREU, Sénateur ; Mᵐᵉ la Marquise DE POMEREU, Présidente diocésaine de la Ligue Patriotique des Françaises ; Edgar POULET, Avocat.

M. Jean QUENTRIC.

MM. Paul ROUSSEL, Avoué honoraire ; Maurice ROUSSEL, Avocat, du Secrétariat Social ; Charles RUELLE, Président de la Conférence Sainte-Anne.

MM. Louis SIEFRIDT, du Secrétariat Social ; Mᵐᵉ SIGAUDY; M¹¹ᵉ SPINDLER ; Docteur SOURICE, Président de l'Union régionale de la F. G. S. P. F. ; Alfred STEMPOWSKI.

MM. Jean TAMARITE, Secrétaire de l'Association des Pères de famille de Sanvic ; Henri THIEULLENT, Membre de la Chambre de Commerce ; Emile THIEULLENT, Négociant ; Marcel TOUSSAINT, Ancien Bâtonnier.

M. Charles VOISIN.

COMMISSION LOCALE

M. Paul GUILLARD, Président, Conseiller Général de Seine-Inférieure ; M. le Chanoine ALLEAUME, Archiprêtre du Havre ; M. G. ANQUETIL ; M. G. BEAUSSARD ; M. l'Abbé BLANCHET, Directeur de l'Institution Saint-Joseph ; M. Victor CHOPART, Directeur du *Havre-Eclair* ; M. Pierre COURANT, Avocat ; M. H. CROPPI ; Mlle C. DAVID ; M. Louis DELAMARE, Président de l'Association Saint-Thomas-d'Aquin ; M. Jacques DELAMARE, Vice-président de l'Association Saint-Thomas-d'Aquin ; M. Jules DELAMARE, Administrateur de la Mutuelle des Employés de Commerce ; M. Alfred DUBUC, Administrateur du *Réveil Normand* ; M. Pierre DUMESNIL, des Equipes Sociales ; M. P. DELAY, Ingénieur ; M. Robert ELOY ; M. P. FIRMIN ; M. Albert GAILLARD, Rédacteur en chef de *L'Entr'aide* ; M. Charles GALODEE, Vice-président de la Société des Anciens Elèves des Frères et des Ecoles Libres du Havre ; M. Jean DE GRANDMAISON, Avocat ; R. P. GAUFROY, Aumônier du Pensionnat Jeanne-d'Arc ; M. P. HARTMANN ; M. Maurice HOMAIS, Bâtonnier de l'Ordre des Avocats, Président de l'Union pour la Paix Religieuse ; Mlle HERVE ; R. P. HERET, Aumônier de l'Association Saint-Thomas-d'Aquin ; Mlle A. JACOTIN ; Mlle JODON, Directrice du Pensionnat Jeanne-d'Arc ; M. D. LACOUDRE, Rédacteur en chef du *Havre-Eclair* ; M. Paul LAMBERT. M. Robert LE CHEVALIER, Vice-président de l'Association Saint-Thomas-d'Aquin ; M. L. LEBAS ; M. le Docteur LEROY, Président de l'Association des Amis du Vieux Havre ; M. Marcel LEGER ; M. Albert MALLET ; M. Robert MAUGER, Vice-président de l'Association des Amis du Vieux Havre ; M. Raymond NOEL, des Equipes Sociales ; M. Jacques PHILIPPE, Président de la Fédération des Groupements catholiques d'Action Sociale ; M. Edgar POULET ; M. Max PLATEL ; M. Maurice PLATEL ; M. PATUREL ; M. Jean QUENTRIC ; M. Paul ROUSSEL ; M. Ch. RUELLE ; M. Louis SIEFRIDT ; M. le Docteur SOURICE, Président de la F. G. S. P. F. (Haute-Normandie) ; M. Alfred STEMPOWSKI ; M. Jean TAMARITE ; M. Henri THIEULLENT ; M. Emile THIEULLENT ; M. le Chanoine VIGNAL ; M. Ch. VOISIN ; Mlle SPINDLER.

PRINCIPAUX HOTELS DU HAVRE

ALLIANCE HOSTEL, 29, rue Gustave-Cazavan.
Chambre à un lit, depuis 12 francs ; à deux lits, de 15 à 30 francs.
Déjeuner : 9 francs ; dîner : 9 fr. 50.
HÔTEL CONTINENTAL, Chaussée des Etats-Unis.
Chambre de 25 à 80 francs.
GRAND HÔTEL, 3-5, place Gambetta.
Chambre à un lit, depuis 20 francs ; à deux lits, de 35 à 60 francs.
Repas : 12 et 14 francs.
GRAND HÔTEL DES PHARES, 29, rue du Havre.
Chambre à un lit, de 12 à 25 francs ; à deux lits, de 20 à 40 francs.
Déjeuner et dîner : 14 francs.
HÔTEL DE NORMANDIE, 106, rue de Paris.
Chambre à un lit, de 15 à 25 francs ; à deux lits, de 35 à 60 francs.
Déjeuner et dîner : 20 francs.
PENSION DE FAMILLE, 33, rue Gustave-Cazavan.
Pension confortable.
HÔTEL TERMINUS, 23, cours de la République.
Chambre à un lit, depuis 12 francs ; à deux lits, depuis 25 francs.
Déjeuner : 13 francs ; dîner : 14 francs.
HÔTEL TORTONI, 1, place Gambetta.
Chambre à un lit, de 12 à 15 francs ; à deux lits, de 30 à 40 francs.
Déjeuner et dîner : 12 francs.
HÔTEL DE L'AMIRAUTÉ, 43, quai de Southampton.
Déjeuner et dîner : 10 francs.
GRAND HÔTEL D'ANGLETERRE, 124, rue de Paris.
Chambre à un lit, depuis 10 francs ; à deux lits, de 20 à 30 francs.
Déjeuner et dîner : 12 francs.
HÔTEL DE BORDEAUX, 17, place Gambetta.
Chambre de 15 à 70 francs.
Déjeuner et dîner : 12 francs.
HÔTEL DU CHEVAL BAI, 178, rue de Normandie.
Chambre à un lit, de 12 à 20 francs ; à deux lits, de 15 à 25 francs.
Repas à la carte.
DAYTON HÔTEL, 62, boulevard de Strasbourg.
Pension de famille. Prix modérés.
HÔTEL DE FRANCE, 21, cours de la République.
Chambre depuis 10 francs.
HÔTEL HAMON ET BELLEVUE, 12, place Gambetta.
Chambre à un lit, de 8 à 15 francs ; à deux lits, de 15 à 30 francs.
Déjeuner et dîner : 7 fr. 50.
HÔTEL KLEBER, 200, boulevard de Strasbourg.
Chambre à un lit, de 8 à 12 francs ; à deux lits, de 15 à 20 francs.

Hôtel des Négociants, 1, rue Corneille.
Chambre à un lit, de 10 à 30 francs ; à deux lits, de 20 à 40 francs.

Hôtel Marcia, 34, rue des Bains.
Chambre de 12 à 25 francs.

Grand Hôtel Parisien, 1 *bis*, cours de la République.
Chambre à un lit, de 8 à 30 francs ; à deux lits, depuis 20 francs.

Hôtel Richelieu, 80, rue de Paris.
Chambre depuis 15 francs.
Repas : 15 et 16 francs.

Hôtel de Roubaix, 19, cours de la République.
Chambre de 10 à 30 francs.

Touring Hôtel, 8, rue Guillemart.
Chambre depuis 12 francs.

Hôtel de Strasbourg, 211 *bis*, boulevard de Strasbourg.
Chambre à un lit, de 9 à 12 francs ; à deux lits, de 20 à 25 francs.
Repas : 8 fr. 50.

Pension de Famille, 35, rue Guillemart.
Chambre à un lit, de 10 à 25 francs.
Déjeuner et dîner : 7 francs.

Pension de Famille Prévost, 10, rue Henry-Génestal.

Hôtel Bourel, 2, rue Edouard-Larue.
Chambre de 7 à 20 francs.
Déjeuner : 6 fr. 50 ; dîner : 7 francs.

Hôtel de la Concorde, 26, cours de la République.
Chambre à un lit, de 8 à 20 francs ; à deux lits, de 20 à 40 francs.

Hôtel de Dieppe, 76, rue de Paris.
Chambre à un lit, de 6 à 20 francs ; à deux lits, de 18 à 30 francs.

Hôtel d'Espagne, 10, rue de Paris.
Chambre à un lit, de 5 à 8 francs ; à deux lits, de 8 à 15 francs.
Déjeuner et dîner : 5 francs.

Hôtel-Brasserie Petit-Vatel, 15, rue Séry.
Chambre de 10 à 25 francs.
Déjeuner et dîner : 10 francs.

Hôtel de la Place, 7, quai Georges-V.
Chambre à un lit, de 8 à 12 francs ; à deux lits, de 15 à 20 francs.
Déjeuner et dîner : 7 fr. 50.

Hôtel du Plat d'Argent, 44, rue Emile-Zola.
Chambre à un lit, de 8 à 15 francs ; à deux lits, de 15 à 25 francs.
Déjeuner et dîner : 8 fr. 50.

Hôtel Soigne, 57, quai de Southampton.
Chambre à un lit, de 10 à 25 francs ; à deux lits, de 25 à 50 francs.
Déjeuner et dîner : 8 francs.

Hôtel Ruban Bleu, 19, place de l'Arsenal.
Chambre depuis 5 francs.

N. B. — Les prix portés sur cette liste sont ceux communiqués au Syndicat d'Initiative à fin avril. Ils peuvent donc être susceptibles d'augmentation.

La Collection des Comptes rendus des Semaines sociales de France

Les cours et conférences des sessions de la *Semaine Sociale* sont intégralement reproduits dans les volumes publiés chaque année.

Cette collection unique contient plus de deux cents études, dans lesquelles les auteurs exposent, sous la forme précise et vivante que permet le cours, les divers aspects et les modes de solution des problèmes sociaux actuels.

Aucune école n'a fourni jusqu'à ce jour une contribution de cette importance, accessible à la fois aux hommes de science et au public non initié.

Le mouvement social catholique contemporain s'y déroule sous toutes ses faces : doctrinales et pratiques. A qui veut le connaître et en parler objectivement, il est impossible de faire abstraction de l'effort poursuivi, depuis vingt-et-un ans, par les Semaines Sociales de France.

Comptes rendus des Semaines sociales de France

Orléans (1905)			(*épuisé*)
Dijon (1906)	6 »	franco	7 »
Amiens (1907)	6 »	—	7 »
Marseille (1908)	6 »	—	7 »
Bordeaux (1909) : La Législation du travail			(*épuisé*)
Rouen (1910) : L'application des lois sociales	8.50	—	10 »
Saint-Etienne (1911) : Le Travail....	8.50	—	10 »
Limoges (1912) : La Famille..........			(*épuisé*)
Versailles (1913) : L'Idée de responsabilité	8.50	—	10 »
Metz (1919) : Le Catholicisme social..	10 »	—	10.80
Caen (1920) : La Production..........	12 »	—	12.80
Toulouse (1921) : L'Injustice usuraire.	12 »	—	12.80
Strasbourg (1922) : L'Etat et la Vie économique	12 »	—	12.80
Grenoble (1923) : Le Problème de la Population	12.50	—	13.50
Rennes (1924) : Le Problème de la Terre dans l'Economie nationale.	12.50	—	13.50
Lyon (1925) : La Crise de l'Autorité..	15 »	—	16.50

Envoi gratuit de la Table alphabétique et analytique des matières contenues dans ces volumes, contre demande adressée à la Chronique Sociale de France, 16, rue du Plat, Lyon.

Demander en même temps le catalogue des brochures de propagande éditées par le Secrétariat permanent.

LISEZ ET FAITES LIRE

LES SEMAINES SOCIALES
par M. Jean TERREL

C'est la notice la plus complète qui ait été publiée sur l'histoire, la physionomie et la doctrine des Semaines Sociales.

En vente : 4 fr., Librairie Bloud et Gay, 3, rue Garancière, Paris (6e), et à la « Chronique Sociale », 16, rue du Plat, Lyon.

LES QUESTIONS ACTUELLES
Editions de la Chronique Sociale de France

La répression de l'immoralité : I. Les dangers de la rue : M. Maurice GAND. — II. La Police des spectacles : M. Georges PIOT. — III. Rôle de la Profession médicale : Dr René BIOT.

Un vol. grand in-8° : 3 francs.   *Chronique Sociale de France.*

Autorité et Liberté dans l'Education. I. Dans la Famille : M. Louis ARNOULD. — II. Dans l'Ecole : M. le Chanoine DUTOIT. — III. Pour former des chefs dans la vie économique : M. PERRIN-PELLETIER. — IV. Pour former l'élite politique : M. CHAMPETIER DE RIBES.

Une broch. gr. in-8°, 52 p. : 3 fr.   *Chronique Sociale de France.*

Un Programme de Réformes politiques, par Maurice DESLANDRES. Cours professé à la Semaine Sociale de Lyon.

Broch. grand in-8° : 1 fr. 60 ; franco : 1 fr. 65.

L'Ecole unique, par le R. P. Albert BESSIÈRES. Etude critique sur les origines, le caractère et les conséquences du régime de l'Ecole unique.

Broch. grand in-8° : 1 fr. 50 ; franco : 1 fr. 75.

L'Enfant. Qu'est-il ? Que doit-il devenir ? I. Réponse de la Biologie : Dr G. RICHARD. — II. Réponse de la Psychologie : J. VIALATOUX. — III. Réponse de la Théologie : Abbé E. CHARLES. — IV. La préparation maternelle : Dr René BIOT.

Un volume 140 pages : 4 francs ; franco : 4 fr. 25.

La crise de l'Autorité. Les symptômes. Les causes. Les remèdes, par M. Eug. DUTHOIT.

Broch. : 1 fr. 75.

Esquisse de l'Ordre Universel, par M. Charles BOUCAUD, avocat, docteur en droit, Professeur à la Faculté libre de Droit de Lyon.

Un volume in-16°, 300 pages, avec frontispice du graveur Philippe Burnot. *Prix :* 15 francs.

En vente à la *Chronique Sociale de France*, 16, rue du Plat, Lyon. Chèque postal : Lyon 65-78.

ÉTOILE - FILM

Société Anonyme au Capital de 1.225.000 fr.

PARIS	LYON
49, Boul. Saint-Germain	7, Place Ampère, 7
TOULOUSE	STRASBOURG
13, Rue Croix-Baragnon	23, Rue Brûlée, 23

d'autres Agences seront prochainement créées

Le Cinéma **démoralise** souvent...

Il peut aussi bien **moraliser,** tout en amusant.

C'est **aux Catholiques** à lui faire jouer ce rôle.

Pour cela, adressez-vous à

L'ÉTOILE-FILM

Société créée et dirigée par des Catholiques

Elle vous fournira gratuitement tous **renseignements techniques,** pour l'installation d'une salle : plans de cabine, devis d'appareils, etc...

Elle vous livrera des **appareils perfectionnés,** fabriqués par elle.

Elle vous louera **un immense choix de films,** sélectionnés parmi les meilleurs de la production moderne ou édités par les différentes **maisons d'édition catholique** du monde, dont elle possède la production pour la France.

Demandez-lui ses Catalogues, sa Notice sur le

PANTOSCOPE

pour projection de cartes postales, dessins, objets, etc..., et la liste des séries nouvelles de *Diapositives,* éditées par elle.

BULLETIN D'ADHÉSION

A LA SEMAINE SOCIALE DU HAVRE
2-8 Août 1926

A remplir et à renvoyer, **avant le 20 Juillet**, à M. Court, Chronique Sociale de France, *16, rue du Plat, Lyon*. — **A partir du 21 Juillet**, à M. Court, *Maison des Œuvres, 101, rue Thiers, le Havre (Seine-Inf.)*.

Nº   ADHÉSION

Veuillez inscrire comme adhérent à la Semaine Sociale du Havre :

NOM et Prénoms :

Profession:

Adresse :

Inscription (15 fr.) . . . .

Inscription pour le déjeuner du lundi (8 fr. 50). . . . . .

Compte rendu sommaire (3 fr.) . . . .

Compte rendu in extenso (18 fr.) . . . .

Abonnement à la *Chronique Sociale de France* qui publiera les leçons documentaires (du 1er Octobre 1926 au 30 Septembre 1927): Pour la France et les Colonies (20 fr.); pour l'Étranger (22 fr.) . . . .

Pour recevoir plan de la ville du Havre (2 fr.) . . .

Versement pour la propagande de la Semaine Sociale . . ——————

TOTAL, dont ci-joint mandat postal. . . . . ——————

SIGNATURE (lisible)

Désire bénéficier de la prolongation du billet d'aller et retour (dernier délai, 16 Juillet).

Gare de départ (³)   Réseau

(1) *Indiquer, s'il y a lieu, l'adresse de vacances, pour permettre l'envoi de la carte d'adhérent.*

(2) *Établir mandats-postes au nom de M. Court, ou chèque postal Bureau de Lyon, Nº 65-78, au nom de M. Gonin, Chronique Sociale.*

(3) *L'indication de la gare de départ est indispensable pour permettre l'établissement de la demande de prolongation du billet d'aller et retour.*

LOGEMENTS

——————·§·——————

M...

....

....

....

....

Bureau de Poste :

Département :

....

Arrivera au Havre le .... à .... heures.

Quittera le Havre le .... à .... heures.

Demande :

Chambre chez l'habitant. { Une chambre à un lit, au prix de 8 à 15 fr.
{ Chambre à deux lits, au prix de 10 à 20 fr.

Logement en dortoir. { Un lit en dortoir au prix de 21 fr. pour les six nuits.
{ Pour les nuits supplémentaires, 3 fr. 50 par nuit.
{ (On demande que l'inscription soit prise pour la
{ durée de la semaine).

Pension pour Dames. { Chambre de 8 à 12 fr. par nuit.
{ Dortoir 3 fr. 50

LOGEMENT A L'HOTEL

——————·——————

MM. les Auditeurs désirant loger à l'Hôtel devront retenir directement leur chambre en écrivant au plus tôt à l'un des hôtels portés sur la liste du programme, page 19. (Indiquer jour et heure d'arrivée et de départ.)